ELÉVATE

Autor: Venerable Thubten Lhundrup
Contenido adicional: Nicola Hodgson
Traducción: Isabel López López
Diseño e ilustración de caja y cubierta: Rachael Jorgensen y Hinkler Studio
Imágenes © Hinkler Pty Ltd or Shutterstock.com

© Hinkler Pty Ltd
Imágenes © Hinkler Pty Ltd o Shutterstock.com
© Susaeta Ediciones S. A.
Tikal Ediciones
C/ Campezo, 13 - 28022 Madrid
Tel.: 91 3009100
www.susaeta.com

ISBN: 978-849928-533-7
Impreso y encuadernado en China

ELÉVATE

Meditación

Venerable Thubten Lhundrup

TIKAL

CONTENIDO

"

Medita… no tardes, no sea
que luego te arrepientas.

"

Buda

¿Qué es la meditación?

Actualmente, en nuestra vida cotidiana, solemos estar tan ocupados que no tenemos tiempo de hacer una pausa y reflexionar sobre nuestros sentimientos y pensamientos más íntimos. La meditación es una útil manera de calmar la mente que puede ejercer una gran influencia en el resto de nuestra vida. La meditación nos permite comprobar nuestras emociones y hallar la manera de comprendernos mejor a nosotros mismos.

No tiene por qué consistir necesariamente en sentarse con las piernas cruzadas en silencio durante horas. Es posible encajarla en nuestra vida cotidiana y convertirla en una costumbre que cambie nuestra perspectiva vital. Es una habilidad que puede aprenderse y que, con paciencia y práctica, resultará cada vez más fácil con el tiempo. La meditación es una forma de entrenar nuestra mente al margen de las distracciones diarias y de servirse de la respiración para centrarse en el momento presente.

66

Es un acto radical de amor sentarte y permanecer un rato en silencio contigo mismo.

99

Jon Kabat-Zinn

Beneficios de la meditación

La práctica regular de la meditación reporta diversos beneficios. La meditación puede contribuir a reducir los niveles de estrés, a bajar la presión arterial y a regular el ritmo cardiaco y la respiración. Contribuye a mejorar la calidad del sueño, a aumentar los niveles de energía y a enfrentarte a lo que la vida te depare.

Muchas religiones inciden en los beneficios espirituales de la meditación. Según las creencias budistas, la meditación contribuye a que tu mente se familiarice con estados y pensamientos beneficiosos, tales como la ayuda a los demás, la compasión, el trato equitativo y la moralidad. Empiezas a comprender que algunos pensamientos poco virtuosos, como el odio, la ira, la codicia y los celos, resultan destructivos no solo para las personas a quienes los diriges sino para ti mismo.

La meditación en forma de oración forma parte de otras religiones, entre ellas el islam, el cristianismo y el judaísmo. También es importante en el hinduismo, en el que la práctica del yoga está vinculada a un estado meditativo llamado *dhyana*.

La mente de mono

La experiencia más habitual para alguien que medita por primera vez es la constatación de lo ocupada que está nuestra mente. Hasta que no intentamos acallarla, no nos damos cuenta de que continuamente surgen en ella pensamientos, recuerdos, sonidos, sensaciones físicas y visiones.

Es lo que los lamas (los maestros budistas o gurús) denominan «la mente de mono». Del mismo modo que la de un mono, nuestra mente salta continuamente de un objeto a otro. Si comprendes el estado actual de tu mente, podrás empezar a aprender a modificarla.

El éxito de la meditación depende de diversos factores, entre otros el estado mental antes de empezar, el nivel de estrés y el cansancio físico. Por este motivo, algunas sesiones son mejores que otras. No esperes demasiado, sobre todo al principio. Hasta las personas experimentadas tienen un mal día. Sé paciente y comprensivo contigo mismo.

❝

La meditación no consiste en detener los pensamientos, sino en reconocer que somos algo más que nuestros pensamientos y sentimientos.

❞

Arianna Huffington

Cuándo, dónde y cómo

El entorno de la meditación

La meditación puede practicarse casi en cualquier sitio y solo necesitarás, básicamente, un cojín o una silla y una mesita en la que apoyar un libro. Conviene contar con un espacio cómodo, limpio, acogedor, tranquilo y aislado de distracciones.

¿Con qué frecuencia debo meditar?

Para un principiante, resulta mucho más beneficioso realizar sesiones de meditación más frecuentes y breves que dispersas y largas. Si pretendes conseguir mucho en poco tiempo, corres el peligro de desanimarte al sentir que es una experiencia frustrante.

Postura

Los puntos que a continuación enumeramos contribuyen a que las energías sutiles del cuerpo fluyan libremente. No son obligatorios. Lo más importante es estar lo bastante cómodo como para evitar moverse, pero no tan relajado como para quedarse dormido o sentir aburrimiento.

1. Cruza las piernas si estás sentado en el suelo o en un cojín. También puedes sentarte en una silla.
2. Coloca sobre las rodillas las palmas de las manos mirando hacia arriba y forma un círculo con los dedos pulgar e índice de cada mano. Si no te resulta cómodo, coloca sobre tu regazo la mano derecha sobre la izquierda con las palmas hacia arriba y las puntas de los pulgares tocándose suavemente.
3. Mantén la espalda recta, pero no rígida, en una postura cómoda, de tal modo que no sientas incomodidad o tensión durante la sesión.
4. Relaja la mandíbula y deja descansar la lengua detrás de los dientes de arriba.
5. Inclina la cabeza ligeramente hacia delante.
6. Debes mantener los ojos cerrados, aunque esto pueda aumentar las probabilidades de que te quedes dormido. Si los mantienes abiertos, que sea solo ligeramente, orientando la mirada hacia abajo, sin enfocar nada.
7. Mantén la altura de los hombros y separa ligeramente los codos del cuerpo.

"

Cuanto más silencioso te vuelves,
más puedes oír.

"

Rumi

Sé paciente

Como una madre paciente que vuelva a colocar delicadamente en su mantita al bebé curioso que se ha escapado gateando, lo mismo debes hacer con tu mente cuando se dispersa. Con paciencia y delicadeza, haz que retome el ritmo de la respiración y comprende que la dispersión o la distracción son parte de su naturaleza.

Relájate

Aunque el esfuerzo es importante, es posible que te empeñes demasiado en meditar. La meditación debería ser una experiencia agradable e inspiradora. Lo ideal es que estés deseando que llegue la siguiente sesión de meditación y no que lo sientas como una obligación y trates de encontrar cualquier excusa para librarte de ella.

Si ves que te desanimas porque sientes que no lo consigues, es preferible que hagas una pausa. Date un paseo. Toma aire. Inténtalo en otro momento del día.

❝

Tu objetivo no es luchar contra tu mente, sino ser testigo de ella.

❞

Swami Muktananda

"

La meditación no consiste
en sentirte de una determinada
manera. Consiste en sentirte
como te sientes.

"

Dan Harris

La meditación y la mente

Tendemos a hablar de la mente como de algo sólido como un contenedor o incluso como un archivador que tenemos en la cabeza. Solemos utilizar expresiones como: «Tener en mente», «Abrir la mente», etc. Sin embargo, la mente no es un objeto físico. Por muy hábil que sea un cirujano, nunca será capaz de extraer la mente del cuerpo.

Muchas de las prácticas asociadas a la meditación proceden del budismo. Las enseñanzas de Buda nos dicen que la mente no tiene forma: es un proceso dinámico, sin principio ni fin, de experiencias que surgen de manera continua. Desde tiempo inmemorial, nuestra mente se ha estado reencarnando y experimentando los sufrimientos de una existencia *samsárica* (de *samsara*, el ciclo de la muerte y el renacimiento). Nuestro cuerpo, en diferentes estados de existencia, actúa como vehículo para la mente.

Mientras estemos satisfechos con esta existencia, nada cambiará. Pero si somos conscientes de la naturaleza y el potencial de nuestra mente, empezaremos a comprender que es posible experimentar cambios profundos.

El karma

Las experiencias que en este momento surgen y se forman en nuestra mente tienen una causa. Para que algo exista o llegue a existir debe haber una razón: una causa o acción de cree ese efecto. Estas experiencias están dirigidas por el karma, la Ley de la Causa y el Efecto. Nuestra mente es el resultado de acciones pasadas que producen efectos en el momento presente.

Crear motivos para ser feliz

Si somos capaces de modificar correctamente nuestro comportamiento, comprendiendo que determinadas acciones acarrean determinados resultados, podemos comenzar a crear motivos para la felicidad, en lugar de para el sufrimiento, en el futuro. Para empezar, es necesario desarrollar una comprensión de la naturaleza de nuestra mente: de este modo tendremos una idea objetiva de los cambios que debemos hacer.

Una mente más en paz, una mayor satisfacción, menos preocupación, menos estrés y una felicidad más profunda: todo esto es posible, al igual que un amor y un aprecio más profundo por las personas que tenemos más cerca y por todos los seres sintientes. Una mente que juzga a los demás seres sintientes con compasión, amor y atención convertirá todas nuestras acciones en un motivo para lograr una mente iluminada. Con una mente así, nuestras acciones proporcionarán alegría, no solo a nosotros mismos, sino también a aquellos con quienes entremos en contacto.

Comprender las acciones negativas

Si esto es cierto, resulta fácil deducir cuál será el resultado en caso contrario: las acciones negativas traerán infelicidad y discordia a nuestra mente y a las de aquellos con quienes entremos en contacto. Es esencial que seamos conscientes de nuestras acciones y comprendamos sus consecuencias.

Es nuestra responsabilidad cultivar y mantener ese inestimable estado mental positivo, ya que el mundo exterior nos ofrece poca ayuda en este sentido. ¡Las influencias positivas en nuestra vida se ven ampliamente superadas por las negativas! Un día cualquiera nuestra mente está expuesta a una abrumadora cantidad de información a través de la radio, la televisión, los periódicos, la publicidad y, por supuesto, la gente. Buena parte de esta información no es positiva para nuestra mente. Debemos ser más exigentes con lo que nuestra mente recibe para minimizar el daño.

Cultivar pensamientos positivos

El primer paso para cultivar un estado mental positivo es la consciencia. El siguiente paso es tener la voluntad y la motivación para analizar e identificar las influencias y los estados mentales positivos o negativos, constructivos o destructivos. No es un proceso sencillo. Ser diligente y mantener una mente virtuosa supone un gran esfuerzo.

Se dice que un pensamiento negativo no puede permanecer en nuestra mente al mismo tiempo que uno positivo. Teniendo esto en cuenta, debemos cultivar conscientemente los pensamientos positivos para ahogar los negativos, en vez de luchar contra estos y sentirnos frustrados cuando nos dominan.

Con la práctica de la meditación nuestra mente se familiarizará con los pensamientos correctos. Con práctica, meditación y una mente compasiva con los demás, estamos haciendo algo más que limitarnos a desearles paz, felicidad y cosas buenas: también estamos contrarrestando nuestro propio odio, nuestra ira y los estados mentales negativos.

Para comprender lo inconmensurable,
la mente debe estar
extraordinariamente callada, tranquila.

Jiddu Krishnamurti

"

En ningún lugar puede un hombre
encontrar un retiro más tranquilo y
sereno que en su propia alma.

"

Marco Aurelio

Meditación, ética y sabiduría

En la meditación, es posible transformar un mero conocimiento intelectual o académico en una comprensión profunda y relacionada con la propia experiencia.

Para alcanzar este estado y posteriormente limpiar el «espejo» de la mente, es necesario que practiquemos la moralidad para llevar una vida ética. De este modo, seremos más capaces de destruir los hábitos de codicia, ignorancia y odio.

La sabiduría se logra escuchando, aprendiendo, contemplando y pensando, pero también, y lo que es más importante, meditando. A través de la meditación vencemos la ignorancia o la percepción incorrecta de nosotros mismos y de todo lo que sucede.

Respetar una ética o moral impide las acciones negativas que, dada la certeza del karma, acarrearán más sufrimiento: acciones de cuerpo, habla y mente que son perjudiciales no solo para nosotros mismos sino también para los demás. La sabiduría no es posible sin meditación y la meditación eficaz no es posible sin ética.

¿Qué es el *mindfulness*?

¡Nuestra mente puede ser nuestro mayor enemigo! Si se logra el control de la mente, se habrá logrado el control de todo. La meditación en la que observamos la respiración está orientada a desarrollar el *mindfulness* o atención plena.

El *mindfulness* es la habilidad de la mente de mantener la atención en un objeto. Esta habilidad es crucial en niveles avanzados de meditación, donde se necesita que la atención se mantenga fija en un objeto durante un largo periodo de tiempo. El *mindfulness* también nos proporciona beneficios en nuestra actividad diaria, pues contribuye a que nuestra mente esté en paz y sin estrés.

Desde el momento en que nos despertamos por la mañana, tendemos a seguir los impulsos de la «mente de mono», salvo momentos puntuales en que tomamos el control para centrarnos en la tarea que tenemos entre manos. En consecuencia, muchas acciones las llevamos a cabo inconscientemente, por lo que somos incapaces de recordar que las hemos hecho.

Quizás hayas tenido la experiencia de conducir hasta un lugar, llegar y luego no ser capaz de recordar cómo llegaste hasta allí. Si bien hay ocasiones en que estamos centrados en una tarea, con frecuencia no es así, estamos pensando en otras cosas.

Piensa en una conversación reciente cara a cara que hayas mantenido con alguien. ¿Qué pensamientos cruzaban por tu mente en ese momento? ¿Realmente estabas escuchando a la otra persona o solo escuchabas una parte de lo que decía mientras pensabas afanosamente en otras cosas?

Practicar el *mindfulness*

Lo cierto es que la mayor parte del tiempo no estamos escuchando. Oímos a medias, luego rápidamente hacemos suposiciones sobre lo que la persona está diciendo y comenzamos a pensar en la respuesta adecuada. Lo más frecuente es que no escuchemos con atención.

Cuando estamos físicamente enfermos, solemos estar distraídos a causa del dolor y el malestar, lo que provoca en nosotros una incapacidad para llevar a cabo acciones físicas de forma correcta. Lo mismo ocurre con nuestra mente. Como estamos distraídos con otros pensamientos, somos incapaces de concentrarnos en la tarea que tenemos entre manos. Por este motivo no realizamos las tareas todo lo bien que podríamos. Puede que estemos llevando a cabo una tarea simplemente para terminarla de una vez en lugar de realizarla de forma consciente.

Practicando *mindfulness,* podemos llegar a discernir qué pensamientos dejamos que ocupen nuestra mente. Y, lo que es más importante, podemos comprobar nuestra motivación para llevar a cabo una acción. ¿Cuáles son las consecuencias de esta acción? ¿Es una acción que provocará felicidad o sufrimiento a los demás y a mí mismo? ¿La acción está motivada por el pensamiento de quererme a mí mismo a expensas de los demás? ¿Existe una forma más sabia de manejar esta situación?

Cuando desarrollamos el *mindfulness* o atención plena, comenzamos a tomar el control de nuestra mente en vez de estar controlados por ella. Es posible reducir el estrés, mejorar la concentración y sentir que controlamos nuestra vida si hacemos un esfuerzo.

66

El enfoque más útil de la
práctica de la meditación es
considerarla la actividad más
importante del día. Planifícala
como si tuvieras una cita
tremendamente importante y
no faltes nunca a tu cita
con el infinito.

99

Roy Eugene Davis

Posiciones de las manos

Durante la meditación puede que te preguntes qué hacer con las manos. Puedes colocarlas en cualquier postura relajada que te resulte cómoda, pero existen una serie de posiciones tradicionales budistas o hindúes llamadas *mudras* que puedes probar hasta que encuentres la que te resulte más natural:

Gyan Mudra: se emplea para la relajación y para ayudar a mantener la mente centrada durante la meditación. Redondea el dedo índice de cada mano de modo que llegue a tocar el pulgar correspondiente.

Dhyana Mudra: coloca las manos en el regazo, la derecha suavemente apoyada en la izquierda, de modo que los dedos queden bien estirados y los pulgares se toquen. Las manos y los dedos adoptan la forma de un triángulo, símbolo del fuego espiritual, y las palmas, la forma de un cuenco vacío, listo para recibir el conocimiento y la sabiduría.

Shuni Mudra: también llamado «sello de la paciencia», este mudra ayuda a cultivar la paciencia. Redondea cada dedo corazón para que toque el pulgar correspondiente.

La paciencia da sus frutos. Espera. Deja que la mano de Dios trabaje por ti. Deja que aquel que te ha creado cree todos los ambientes, circunstancias, capacidades y aptitudes.

Yogi Bhajan

Meditación respirando

Ahora vamos a practicar una meditación sencilla. Centrando el pensamiento en la respiración, es posible tranquilizar una mente inquieta y mejorar la concentración.

La finalidad es ser consciente de la respiración cuando entra y sale del cuerpo concentrándose en el movimiento ascendente y descendente del abdomen o en la sensación del aire que atraviesa los labios y las fosas nasales.

Cada vez que sueltes el aire, cuenta uno, dos, tres, etc. Ponte un objetivo alcanzable, por ejemplo siete para empezar. Si finalmente logras las sensaciones de sosiego, tranquilidad y paz prolóngalas cuanto puedas y experiméntalas lo más plenamente posible. Cuando te distraigas o desaparezca la sensación, vuelve a la respiración.

Distracciones

Las distracciones pueden ser muy diversas. Durante la práctica pueden surgir sonidos, visiones, sensaciones físicas, como dolor en las rodillas o picores, recuerdos felices o tristes, recuerdos de personas y acontecimientos en los que no habías pensado en años.

Si ves que te distraes fácilmente, no te enfades ni te sientas frustrado. Es la naturaleza de la mente de mono y la conciencia de esta naturaleza es, en realidad, un signo de progreso. La mejor manera de manejar estas distracciones es no consentirlas o tratar de rechazarlas. Del mismo modo que surgen en tu mente, también desaparecerán por sí solas. Limítate a aceptarlas, vuelve a pensar en la respiración y sigue contando.

66

Aprende a estar tranquilo y siempre serás feliz.

99

Paramahansa Yogananda

Meditación caminando

La meditación caminando es un magnífico complemento de la meditación sentado y es especialmente útil si te cuesta centrarte sentado o en ocasiones en que experimentes una emoción fuerte. Un lugar natural al aire libre donde nadie te moleste –por ejemplo un parque apartado y tranquilo– será perfecto.

Para caminar trata de buscar un sitio con el que estés familiarizado. De este modo no te distraerás de la meditación pensando por dónde debes ir o en lo que estás viendo mientras caminas. Puedes andar por un camino o pasear por un parque próximo a tu casa que conozcas bien. Recorre un trecho andando y luego regresa por el mismo camino. Incluso existen parques con laberintos para andar marcados en el suelo, destinados a la meditación y a facilitar la concentración.

Centra tu atención en la respiración mientras caminas y en apoyar con cuidado los pies en la tierra de forma consciente. Cuando empieces a practicar es posible que solo te resulte cómodo andar así un rato, quizá cinco o diez minutos. Ve aumentando gradualmente el tiempo dedicado a la meditación hasta una duración que te resulte cómoda.

La meditación caminando proporciona distintos beneficios: mejora el estado de ánimo y la concentración, desarrolla la conciencia de tu cuerpo y tu mente, y proporciona una sensación de conexión con el lugar por el que caminas.

Para meditar caminando empieza por colocarte de pie, erguido, con el peso del cuerpo repartido uniformemente entre ambas piernas. Deja caer los brazos y las manos a los lados del cuerpo y mantén la espalda recta, pero cómoda, como en la meditación sentado.

Cierra los ojos y empieza con una breve meditación respirando para centrar la atención. Después, abre los ojos y empieza a andar despacio. Percibe ligeramente tu entorno y observa las sensaciones que surgen cuando tu cuerpo se mueve: el contacto de los pies con el suelo, el movimiento de tu ropa, el roce del aire en tu piel.

"

Camina como si besaras la Tierra con los pies.

"

Thich Nhat Hanh

66

Si estás orientado en la dirección correcta, lo único que necesitas es seguir andando.

99

Buda

Meditación mirando

La meditación mirando, o *trataka* en sánscrito, es un potente método para centrar la mente en el que participa nuestro sentido dominante: la vista. En el *trataka*, observamos un objeto pequeño. El más habitual es la llama de una vela, pero también es una buena opción mirar una flor, un mandala o una pintura que tenga un significado especial para ti, o incluso la luna.

Cuando realices esta meditación consciente, no debes concentrarte en el objeto, sino que debes servirte de él para enfocar tu atención. Si ves que tu atención y tu mirada se alejan del objeto, vuelve a él delicadamente y prosigue.

Se cree que esta práctica puede proporcionar una serie de efectos positivos, entre otros un aumento de los niveles de lucidez y concentración y una disminución del estrés. También aumenta la fuerza de voluntad y puede mejorar algunos síntomas de la ansiedad y la depresión. También puede que sientas gratitud al centrarte en un objeto que quizá hayas visto antes muchas veces, pero en cuyos detalles y belleza solo ahora reparas. Puede ser incluso algo tan sencillo como una cuchara o un cuenco de madera que tienes en la cocina y que utilizas todos los días.

Antes de empezar esta meditación, coloca el objeto al menos a la distancia de un brazo extendido y justo por debajo del nivel de los ojos. Para ello puede que necesites una mesita, un taburete o una repisa. Si vas a utilizar una vela, cierra antes las puertas y ventanas para evitar corrientes de aire y siéntate.

Empieza con uno o dos minutos de meditación respirando. Abre entonces los ojos, si los tenías cerrados, y mira fijamente tu objeto de meditación. Intenta no parpadear; mantén los ojos y la cara lo más relajados y quietos posible.

Cuando empiecen a llorarte los ojos o te duelan, ciérralos y visualiza la llama o el objeto con tu tercer ojo, entre las cejas. Cuando esta imagen empiece a desvanecerse, vuelve a abrir los ojos y repite el proceso de mirar el objeto.

Para proteger los ojos, limita este tipo de meditación a un máximo de diez minutos, sobre todo si usas una vela, y no la practiques todos los días.

66

Si la mente se duerme, despiértala. Si después empieza a divagar, tranquilízala. Si alcanzas el estado en que no hay ni sueño ni movimiento mental, quédate ahí quieto, en ese estado natural (auténtico).

99

Ramana Maharshi

Meditación comiendo

Comer conscientemente puede transformar la forma en que juzgas tu cuerpo y la comida, y puede hacer que tomes conciencia de la forma en la que comes. Intenta primero este tipo de meditación con un trozo pequeño de comida, como una fruta o una hortaliza. Más tarde, conforme te vayas familiarizando con ello, prueba con un plato o una comida más sustanciosos. Siéntate a la mesa con la comida delante de ti, asegurándote de que estás cómodo, vas a poder relajarte y nadie te va a molestar.

Si comes con atención plena, serás más consciente de qué y cuánto comes. Con frecuencia comemos sin pensar realmente en ello. Puede que estés trabajando y comas algo en tu lugar de trabajo o que desayunes camino de una reunión. Si te paras y piensas siguiendo la meditación de la página siguiente, disfrutarás más la comida y es probable que comas menos y experimentes los beneficios que esto reporta a tu salud. Muchas personas también toman decisiones más saludables si comen con atención plena, pues dejan de optar por comidas rápidas y fáciles pero que no son necesariamente las más sanas.

66

La meditación es decidir
no participar en el drama de
la mente, sino elevar la mente
hasta su mayor potencial.

99

Amit Ray

Antes de comer, haz varias respiraciones profundas para centrarte. Concéntrate en tu cuerpo, tus sentimientos y tu apetito. A continuación, huele la comida dejando que su aroma te inunde y notando el efecto que te produce. Mira la comida y piensa en lo que contribuyó a su creación y en cómo llegó hasta ti: el sol, la lluvia, la tierra, los animales, las personas. Haz una pausa para agradecer la bendición de la comida.

Ahora, toma un primer bocado y mastícalo despacio y con determinación. Céntrate por completo en la sensación de las texturas y en la forma de la comida en la boca, y después en la intensidad de los aromas y en la sensación de los sabores que se extienden por tu boca. Mastica bien la comida siendo consciente de lo que hacen tus dientes y tu lengua.

Por último, traga la comida y escucha la respuesta de tu cuerpo a este alimento y cómo afecta a tu hambre y tu apetito. Si tu mente se distrae, trata de que la atención vuelva a tu cuerpo y a la comida. Repítelo hasta que la comida se acabe y después haz varias inspiraciones profundas disfrutando de la sensación de bienestar.

Meditación compasiva

También conocida como *metta* o meditación del amor benevolente, una meditación compasiva ayuda a desarrollar la compasión, la atención, el afecto y el amor a los demás y a ti mismo. Se repiten en silencio varias frases que afirman tu intención de practicar la compasión, dirigidas primero hacia ti mismo y luego hacia la persona o personas en las que deseas centrarte. Asegúrate de estar en un lugar tranquilo y cómodo antes de empezar.

Cierra los ojos e inspira profundamente varias veces. Céntrate en tu interior y crea en tu mente una imagen de ti mismo; a continuación repítete a ti mismo lenta y suavemente: «Puedo ser feliz. Puedo estar bien. Puedo estar libre de dolor y tristeza. Puedo estar en paz». Repite esto varias veces, una vez tras otra. Si lo prefieres, puedes elegir otras frases similares.

Después, concéntrate en otra cosa. Puede ser un amigo, un familiar, un compañero de trabajo, lo que prefieras. Crea también una imagen de ellos en tu mente y repite: «Puedes ser feliz. Puedes estar bien. Puedes estar libre de dolor y tristeza. Puedes estar en paz».

Sí quieres, puedes adaptar estas frases a sus circunstancias y tus sentimientos hacia ellos. Enfoca ahora la meditación en otras personas de tu vida y termina cuando lo consideres oportuno.

66

Recuerda el cielo azul.
A veces lo oscurecen las nubes,
pero siempre está ahí.

99

Andy Puddicombe.

Meditación con sonidos

A lo largo de miles de años se ha utilizado el sonido como parte de la meditación. El sonido puede contribuir a profundizar la meditación, expandir la consciencia y centrar la mente.

El sonido puede incorporarse a la meditación de diferentes maneras: algunas versiones recurren a instrumentos tradicionales, como los gongs y los cuencos tibetanos, los didyeridús o los tambores chamánicos; otros se centran en sonidos vocálicos y cantos; por último los hay que llaman la atención de la persona que medita sobre los sonidos cotidianos que se producen a su alrededor durante la meditación.

Este tipo de meditación resulta especialmente beneficiosa cuando se practica en grupo, pues la energía de los demás participantes puede amplificar y magnificar la experiencia. Sin embargo, el sonido también es tremendamente útil para la meditación en una sesión privada o una meditación en solitario, utilizando sonidos grabados que es fácil conseguir a través de internet.

Túmbate y cierra los ojos o, si dispones de un gong para crear tu propio sonido, permanece sentado en una postura cómoda. Inspira profundamente varias veces para centrarte antes de iniciar la meditación con sonido.

Cuando comience el sonido que has elegido, enfoca en él tu atención. Siente cómo resuena a través de ti y a tu alrededor. Escucha el sonido en su totalidad, siguiéndolo de principio a fin. Percibe cualquier fluctuación en el tono, el timbre o el volumen, pero no atribuyas ningún significado a estos cambios; sencillamente sé consciente de cómo es el sonido en cada momento.

Trata de no anticiparte o adelantarte a los posible cambios del sonido: debes centrarte por completo en el presente. Asegúrate de que tu respiración permanece constante durante la meditación mientras las ondas del sonido te inundan, aunque el ritmo cambie o haya silencios o pausas.

Meditación de los apegos

En esta meditación, vuelves a vivir lo vivido hasta ese momento del día. Probablemente tu primera acción del día haya tenido que ver con permanecer en la cama solo cinco minutos más o con el deseo de llegar a la cocina a desayunar. Quizá haya surgido un pensamiento preocupante por las cosas que tienes que hacer en el trabajo o un pensamiento agradable porque vas a comer con un amigo.

¿Qué otros pensamientos y acciones han tenido lugar a lo largo del día? ¿Impaciencia o incluso rabia cuando has tenido que esperar en la cola del banco? ¿Alegría cuando has llegado el primero a la última plaza de aparcamiento libre? ¿Desánimo cuando has comprendido que tenías que pasar el día con alguien que no te gusta? ¿Satisfacción cuando el jefe te ha alabado delante de los demás?

Si somos honestos con nosotros mismos, veremos que nuestra jornada está repleta de pensamientos y acciones cuya finalidad es evitar el sufrimiento en sus diversas formas y experimentar felicidad. Es una motivación común a todos: el deseo de experimentar felicidad y evitar el sufrimiento.

Por supuesto, no se trata de que haya ningún problema con las posesiones, la riqueza y un buen estilo de vida. El auténtico problema está en la mente, en la creencia subyacente de que todo eso nos hará realmente felices para siempre.

Comienza con unos minutos de la meditación respirando que hemos explicado anteriormente. Revive tu jornada hasta este momento lo mejor que puedas; desde que te has despertado hasta ahora. Ten en cuenta cada acción que has llevado a cabo: no solo las más importantes y significativas, sino también las más pequeñas.

A continuación piensa en un objeto de deseo que has conseguido: una relación o incluso una situación. Si entonces hubiéramos sabido lo que sabemos ahora –que eran efímeras y no iban a estar a la altura de nuestras expectativas– ¿habríamos sufrido tanto para lograrlas? ¿Les habríamos dado tanta importancia? ¿Habríamos estado tan agobiados por la necesidad de tenerlas o de evitarlas para no arruinar nuestra vida?

Termina la meditación pensando de qué forma puedes ser capaz de comprender la naturaleza efímera de lo que ocurre en tu vida. Considerándolo de una forma más racional, podemos evitar caer en los extremos de apego y deseo o de aversión e ira.

Sé consciente de la paz y la alegría que esto aporta a tu mente.

"

Cuando se domina la meditación, la mente se mantiene firme como la llama de una vela en un lugar sin viento.

"

Bhagavad Gita

Meditación de escaneo corporal

Una meditación de escaneo corporal es aquella en la que te concentras en cada parte del cuerpo, una tras otra, notando cómo se siente antes de pasar a la siguiente. Lee el texto de abajo e intenta llevar a cabo la meditación con los ojos cerrados. No intentes cambiar lo que experimentas en ningún momento de la meditación; limítate a observar y analizar cómo te sientes.

Empieza por ponerte cómodo. Puedes sentarte en una silla con la espalda recta o en el suelo sobre un cojín, o incluso tumbarte; lo importante es que estés cómodo.

Comienza a respirar lenta y profundamente. Inspira por la nariz y espira por la nariz o por la boca. Siente cómo el estómago se expande en cada inspiración y se relaja al salir el aire cuando espiras.

Deja a un lado los ruidos que te rodean, de modo que tu atención empiece a desviarse del exterior hacia tu interior. Si te distraen los sonidos de la habitación, limítate a percibirlos y vuelve a centrarte en la respiración.

Ahora dirige tu atención lentamente hacia tus pies. Para empezar, observa lo que sientes en ellos. Puede que quieras mover un poco los dedos de los pies y sentir cómo rozan los calcetines o los zapatos. Limítate a percibirlo, sin juicios. Permítete a ti mismo experimentar la sensación de no sentir nada.

A continuación, céntrate en las piernas, subiendo de los tobillos y las pantorrillas a las rodillas y los muslos. Observa las sensaciones que experimentas a lo largo de las piernas. Si tu mente empieza a dispersarse durante el ejercicio, percíbelo sin juicios y haz que tu mente vuelva a la parte del cuerpo con la que estás trabajando.

Dirige tu atención a la parte media y superior de la espalda. Deja que la tensión abandone tu cuerpo cada vez que espiras. Ahora céntrate en el estómago y en las partes internas del cuerpo en esa zona.

Centra tu atención en el pecho y el corazón y percibe los latidos. Observa cómo sube el pecho cuando inspiras y cómo baja cuando espiras. Al soltar el aire, dirige tu atención a las manos y a los dedos.

A continuación, dirige tu atención a los brazos. Espira y siente cómo las tensiones de esta zona se suavizan y liberan. Concentrándote en la respiración, dirige tu atención al cuello, los hombros y la garganta. Al respirar, deja que la tensión abandone esta parte de tu cuerpo.

Poco a poco ve dirigiendo tu atención al cuero cabelludo, la cabeza y la cara. Percibe cómo se siente esta parte de tu cuerpo. Espira y deja que la tensión abandone esta zona.

Por último, haz que tu atención se extienda lentamente hasta cubrir todo el cuerpo, desde la parte superior de la cabeza hasta los dedos de los pies. Permite que tu atención se extienda a tu cuerpo como un todo.

Sigue respirando profunda y uniformemente inspirando por la nariz y soltando el aire por la boca. Siente el suave ritmo de la respiración que recorre tu cuerpo.

Al llegar al final del ejercicio, toma una respiración completa y profunda para aprovechar toda la energía de esta práctica. Espira por completo. Y cuando estés listo, abre los ojos y reorienta tu atención al momento presente. Cuando estés plenamente alerta y despierto, reafirma la intención de que este ejercicio para crear conciencia beneficie a todos cuantos entren en contacto contigo en el día de hoy.

Meditación emocional

A partir de algunas habilidades previamente aprendidas en este libro, puedes realizar esta meditación, pensada para ayudarte a dar sentido a las emociones que experimentas, sean buenas o malas. El objetivo es darte cuenta de lo que estás sintiendo y aceptarlo.

Si te aficionas a esta práctica, te ayudará a afrontar los sentimientos que inevitablemente surgen todos los días. Serás capaz de ver que no son permanentes y que pasarán. Este ejercicio también te ayudará a descubrir sentimientos que has ocultado bajo la superficie. Pueden ser problemas de los que eres consciente pero que te cuesta afrontar, por lo que te distraes mirando el teléfono o comiendo sin pensar. Sin embargo, si eres capaz de examinar esas emociones y sentimientos directamente y de aceptarlos, experimentarás menos tensión y los vivirás con menor intensidad.

Con el tiempo y con práctica, esta forma de meditación puede ayudarte a controlar el nivel de estrés, por lo que, cuando tengas que enfrentarte a una situación difícil que te produzca tensión o ira, serás capaz de reconocer esos sentimientos y te sentirás libre para alcanzar un estado de aceptación de ti mismo. Cuando te encuentres en un estado emocional tranquilo y relajado, también serás capaz de reconocerlo y disfrutarás de ese sentimiento. Otro beneficio de la meditación emocional es que te da la capacidad de liberarte de los sentimientos negativos subyacentes y de abrirte a nuevas oportunidades y experiencias.

Para empezar, ponte cómodo. Puedes sentarte en una silla con la espalda recta o en el suelo sobre un cojín, o incluso tumbarte, lo que te resulte más cómodo.

Puedes mantener los ojos abiertos y sin mirar a nada en concreto o cerrarlos delicadamente y mirar hacia abajo. Céntrate en la respiración, inspirando con suavidad por la nariz y espirando por la boca varias veces.

Comienza a darte cuenta de cómo te sientes en este momento. No pienses demasiado en estas emociones, limítate a percibirlas y acepta cómo te sientes, ya sea feliz, triste, furioso, alegre o ansioso. Si notas que te descentras, vuelve a centrarte en la respiración y afloja la tensión de tu cuerpo.

Pasados diez minutos, centra otra vez tu atención poco a poco en lo que te rodea y al margen de tus sentimientos internos. Piensa en las emociones, pensamientos y sentimientos que has descubierto y anótalos en tu diario de meditación (ver página 94).

Chakras

Los siete chakras son los principales centros de energía del cuerpo. La palabra *chakra* significa 'rueda' en sánscrito, y cuando esas ruedas o puntos de energía están abiertos, la energía circula a través del cuerpo y hay armonía entre el cuerpo y la mente. El conocimiento de los chakras procede de las antiguas enseñanzas hindúes.

Los chakras están alineados en el cuerpo humano desde la parte superior de la cabeza y desde allí descienden por la línea media del cuerpo. La energía entra en esos puntos desde la parte delantera y la parte posterior del cuerpo. A veces estos puntos se bloquean o desequilibran, lo que puede tener consecuencias en cómo te sientes emocional y físicamente. La meditación puede ayudarnos a desbloquear los chakras y restaurar el equilibrio para así recuperar el nivel óptimo de bienestar físico, emocional y espiritual. Existen otros chakras menores en las manos y en los pies que también pueden activarse a través de la meditación y de ejercicios de yoga.

Los siete chakras principales

Chakra	Localización	En sánscrito	Representado por
Chakra raíz	Base de la columna	Muladhara	Un loto de 4 pétalos
Chakra sacro	Abdomen bajo	Svadhisthana	Un loto de 6 pétalos
Plexo solar	Plexo solar	Manipura	Un loto de 10 pétalos
Del corazón	Centro del pecho	Anahata	Un loto de 12 pétalos
De la garganta	En la garganta	Visuddha	Un loto de 16 pétalos
Tercer ojo	En el tercer ojo	Ajna	Un loto de 2 pétalos
De la corona	Lo alto de la cabeza	Sahasrara	Un loto de 1.000 pétalos

Meditación de los chakras

Para empezar busca un sitio tranquilo donde no te molesten. Siéntate en una postura que te resulte cómoda, ya sea en una silla con la espalda recta o con las piernas cruzadas sobre un cojín de meditación. Las manos puedes apoyarlas suavemente en las rodillas, con las palmas hacia arriba. Dirige la mirada hacia abajo sin enfocar ningún objeto en particular o cierra los ojos suavemente.

Haz una respiración profunda, permitiendo que tu abdomen se expanda al inspirar por la nariz. Cuenta hasta cuatro despacio, hasta que tus pulmones estén totalmente llenos de aire. Mantén ligeramente el aire en los pulmones mientras cuentas otra vez hasta cuatro y después expúlsalo por la boca también en cuatro tiempos.

Cuando el aire haya salido de los pulmones, vuelve a contar por última vez hasta cuatro. Repítelo dos veces más antes de retomar una pauta regular de respiración.

Imagínate el chakra en la base de tu columna (el chakra raíz). Dedica al menos un minuto a imaginarlo como una rueda roja giratoria o una flor de loto roja de brillantes pétalos. Imagínalo cada vez con más energía y girando con más furia.

Deja que el chakra siga creciendo con energía. A continuación pasa al siguiente chakra —el chakra sacro— y repite.

Sigue ascendiendo por el cuerpo, poniendo tu atención en un chakra tras otro, hasta llegar al chakra de la corona.

Durante unos instantes, imagina todos tus chakras girando y zumbando con energía. Inspira en cuatro tiempos, mantén la respiración otros cuatro y espira también en cuatro, como explicamos más arriba. Repite dos veces más y después vuelve a centrarte poco a poco en lo que te rodea. Dedica un rato a anotar tus sentimientos en el diario de meditación.

66

Sin duda la mente es algo
que puede transformarse, y
la meditación es un medio
de transformarla.

99

Dalai Lama

Yoga y meditación

La práctica regular conjunta del yoga y la meditación contribuye a reducir el estrés y a mejorar la salud y el bienestar. Ciertas posturas y estiramientos de yoga te ayudarán a meditar de manera más eficaz, ya que aumentarán tu capacidad para sentarte y centrarte en la respiración, habilidades que forman parte de muchas tradiciones meditativas. En internet encontrarás muchas meditaciones yóguicas o también puedes buscar clases cerca de donde vives para aprender más.

Una de las secuencias de yoga más conocidas, que puede convertirse en una forma de meditación, es el Saludo al Sol o Surya Namaskar, consistente en una serie de movimientos conectados entre sí. La realización de estos movimientos en combinación con la respiración puede convertirse en una forma de meditación, pues te concentras a la vez en la respiración y en el movimiento como si unieras la mente y el cuerpo.

Si te estás iniciando en el yoga, prueba la postura de la montaña (tadasana). Ponte de pie, con los pies al ancho de las caderas y los brazos caídos a ambos lados del cuerpo con las palmas de las manos hacia fuera. Cierra los ojos o mira hacia abajo sin fijarte en nada. Inspira profundamente por la nariz y después suelta el aire por la boca. Repítelo lenta y suavemente. Deja que la tensión abandone tu cuerpo. Intenta mantener la postura cinco minutos sin dejar de inspirar y espirar suavemente.

Respiración yóguica

Combina la secuencia del Saludo al Sol con la respiración. Inicia cada postura de la secuencia inspirando profundamente y espira al terminar. Cuando pases a la siguiente postura vuelve a inspirar profundamente y después suelta el aire.

Meditación con frases y mantras

Para empezar debes crear un pensamiento o frase motivacional para la sesión de meditación. Recita la frase varias veces en voz baja. Piensa en el significado general de la frase y después en la relación que guarda con tus experiencias.

También puedes meditar con un mantra, consistente en un sonido o en unas cuantas palabras que te repites a ti mismo en silencio o en voz alta. Los mantras sirven para aislarse de las distracciones del mundo exterior, pues te centras únicamente en el sonido. Abajo encontrarás algunos de los más empleados, pero puedes crear y repetir tu propio mantra si hay una palabra o una frase que para ti sean significativas.

Mantra	Significado u origen
El Om o Aum	Lo que fue, lo que es y lo que será
Om Namah Shivaya	Me inclino ante Shiva
Hare Krishna Hare Krishna, Krishna Krishna Hare Hare, Hare Rama Hare Rama, Rama Rama, Hare Hare	Hare Krishna es una rama del hinduismo
Yo soy el que soy	Respuesta que Dios dio a Moisés
Aham-Prema	Soy el amor divino
Om Mani Padme Hum	Saludo a la joya en el loto

Afirmaciones

También las afirmaciones pueden ser muy eficaces cuando se usan como temas de contemplación durante el día. Esto es así para cualquier enseñanza que podamos leer o escuchar, incluida la información de este libro. El conocimiento es inútil si no se lleva a la práctica.

Puedes seleccionar un tema cada día para meditación y contemplación. Medita sobre ese tema en casa y que después te acompañe durante el día, examinándolo en diferentes circunstancias: mientras conduces, en el tren o en el autobús, en el trabajo, en tu trato con la gente, de compras o mientras tomas café con un amigo.

Pregúntate a ti mismo: «¿Cómo se relaciona el tema con la situación en la que me encuentro ahora? ¿Cómo puede ayudarme a afrontar esta situación, esta emoción, a esta persona?».

Si relacionas la afirmación que has elegido con tu propia vida, con tus circunstancias y experiencias, puede llegar a ser muy eficaz para cambiar tus pensamientos y tus acciones. Si no meditas sobre ellas o no las analizas así, no serán más que palabras bonitas.

Cinco afirmaciones positivas:

1. En este momento tengo cuanto necesito para una vida plena.
2. La amabilidad es gratis.
3. Soy fuerte.
4. Soy poderoso.
5. Todo lo que necesito ahora está en mi interior.

"

Aprende a disfrutar del camino
tanto como disfrutarías
al llegar a tu destino.

"

Sakshi Chetana

Después de la meditación

Cuando hayas terminado la meditación, dedica un instante a pensar en cómo te has sentido y en cómo te gustaría que estos pensamientos y sentimientos te acompañaran durante el resto del día. No te apresures a retomar cualquier tarea que te aleje de ellos si no quieres perder los beneficios positivos logrados por haber dedicado un tiempo a reducir tu ritmo.

Es una buena costumbre escribir un diario de meditación en el que dejar constancia de los progresos alcanzados hasta el momento. Dedica un tiempo a plasmar cómo te sientes después de la meditación. ¿Estás relajado y tranquilo o inquieto y crítico contigo mismo porque no has podido prolongar el momento tanto como habrías querido? ¿Cuánto tiempo has meditado? ¿Qué pensamientos han surgido durante la meditación? ¿Has sido capaz de mantener la atención consciente todo el tiempo?

Recuerda que el diario no es un lugar en el que ser demasiado negativo. Si algo no ha funcionado como habías planeado, toma nota de ello y considéralo una etapa de tu viaje. Todos tenemos días en que las cosas no salen como habíamos pensado; es normal. Sé indulgente contigo mismo y sobre todo trata de ser regular en la práctica de la meditación. Si lo conviertes en parte de tu rutina diaria, recibirás la recompensa el resto de tu vida.

EL PEQUEÑO LIBRO

DE LAS

RUNAS

EL PEQUEÑO LIBRO
DE LAS
RUNAS

UNA INTRODUCCIÓN A
LA ADIVINACIÓN NÓRDICA

CASSANDRA EASON

edaf

MADRID - MÉXICO - BUENOS AIRES - SANTIAGO
2025

Título original: *A Little Bit of Runes. An Introduction to Norse Divination*
© 2018. Cassandra Eason
© 2025. De la traducción, José Antonio Álvaro Garrido
© 2025. De esta edición, Editorial Edaf, S.L.U., Jorge Juan, 68 — 28009 Madrid, por acuerdo
   con Sterling Publishing Co., Inc., publicado por primera vez en 2018 por Sterling Ethos,
   una división de Sterling Publishing Co., Inc., 33 East 17th Street, New York, NY, USA,
   10003, representados por UTE Körner Literary Agent, S.L.U., c/ Arago 224, pral 2.ª, 08011
   Barcelona

Diseño de cubierta: © Sterling Publishing Co., Inc., adaptada por Diseño y Control Gráfico
Maquetación y diseño de interior: Adaptada del original por Diseño y Control Gráfico, S.L.

Editorial Edaf, S.L.U.
Jorge Juan, 68
28009 Madrid, España
Telf.: (34) 91 435 82 60
www.edaf.net
edaf@edaf.net

Ediciones Algaba, S.A. de C.V.
Calle 21, Poniente 3323 - Entre la 33 sur y la 35 sur
Colonia Belisario Domínguez
Puebla 72180, México
Telf.: 52 22 22 11 13 87
jaime.breton@edaf.com.mx

Ediciones y Distribuciones Edaf SRL
Calle Chile, 2222, PB
1227- Buenos Aires (Argentina)
Telf: +54 11 4308 52 22/+54 11 6784 95 16
fernando@edafarg.net

Edaf Chile, S.A.
Huérfanos 1178 - Oficina 501
Santiago - Chile
Telf: +56 9 4468 05 39/+56 9 4468 0597
comercialedafchile@edafchile.cl

Junio de 2025

ISBN: 978-84-414-4440-9
Depósito legal: M-10024-2025

PRINTED IN SPAIN   IMPRESO EN ESPAÑA

COFÁS

Papel 100 % procedente de bosques gestionados de acuerdo con criterios de sostenibilidad.